# Die Fußball-Weltmeisterschaft 2018

**Die Fußball-Weltmeisterschaft 2018**
ISBN 978-3-96129-031-4

Edel:Kids Books
Ein Verlag der Edel Germany GmbH
Copyright © Edel Germany GmbH, Neumühlen 17, 22763 Hamburg
www.edel.com
4. Auflage 2018

Konzept und Text: Lars M. Vollmering, Langenfeld
Redaktion, Koordination und Abwicklung:
interconcept medienagentur, München
Umschlaggestaltung: Keysselitz Deutschland GmbH, München
(für interconcept medienagentur)
Layout: Keysselitz Deutschland GmbH, München
(für interconcept medienagentur)
Herstellung: Frank Jansen
Druck und Bindung: optimal media GmbH, Röbel/Müritz

Printed in Germany

# Die Fußball-Weltmeisterschaft 2018

WAS DU WISSEN MUSST

# Inhalts

# verzeichnis

# Weltmeister

Deutschland wurde bislang viermal Weltmeister. Doppelt so oft (8x) kam man bei der Teilnahme ins Endspiel.

Rekord: Miroslav Klose (Foto oben) schoss die meisten WM-Tore (16). Lothar Matthäus (Foto unten) machte die meisten WM-Spiele (25).

Brasilien hat bisher die meisten WM-Titel (5) gewonnen: 1958, 1962, 1970, 1994 (Foto) und 2002. Zweimal wurde man Zweiter.

# GRÖSSTE SHOW DER WELT
# ...schaft 2018

Erster Weltmeister in der Fußball-Geschichte wurde Uruguay (1930). Damals spielten nur 13 Mannschaften bei dem Turnier mit.

'54, '74, '90 – und 2014: Mit seinem 1:0 gegen Argentinien schießt Mario Götze Deutschland 2014 zum vierten Weltmeistertitel.

7

Zinedine Zidane schoss Frankreich 1998 mit zwei Toren im Finale zum Titel.

15:54 PM

Wie groß ist der WM-Pokal? 🤔

🏆 Der Pokal ist fast 40 cm hoch und wiegt ungefähr 6 Kilogramm.

Seit wann kann man ihn gewinnen? 📅17

Er wurde 1974 zum ersten Mal vergeben. Erster Gewinner war Deutschland. 🤓

Wer hat ihn erfunden? 🙈

Entworfen wurde er vom italienischen Bildhauer Silvio Gazzaniga. 😁

Der WM-Pokal ist da Größte, wa man als Fu baller gew nen kann. Doch nur die Beste schaffen das über haupt m im Lebe

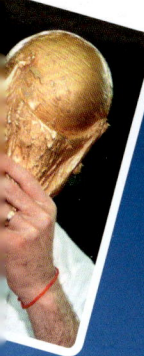

# Der Pokal
## DEN WOLLEN ALLE

| JAHR | LAND |
|------|------|
| 1930 | Uruguay |
| 1934 | Italien |
| 1938 | Frankreich |
| 1950 | Uruguay |
| 1954 | Deutschland |
| 1958 | Brasilien |
| 1962 | Brasilien |
| 1966 | England |
| 1970 | Brasilien |
| 1974 | Deutschland |
| 1978 | Argentinien |
| 1982 | Italien |
| 1986 | Argentinien |
| 1990 | Deutschland |
| 1994 | Brasilien |
| 1998 | Frankreich |
| 2002 | Brasilien |
| 2006 | Italien |
| 2010 | Spanien |
| 2014 | Deutschland |

Der Brasilianer Pelé wurde dreimal Weltmeister (1958, 1962, 1970). 2016 versteigerte er eine Kopie des Jules-Rimet-Pokals zugunsten eines Kinderkrankenhauses in Brasilien.

Zu Beginn sah der WM-Pokal ganz anders aus, als du ihn heute kennst (siehe das Foto mit Pelé). Nur wenn ein Land es als erstes schaffen würde, den „Coupe Jules Rimet" (benannt nach einem ehemaligen Chef der FIFA) dreimal zu gewinnen, durfte es den alten Pokal behalten. Das gelang Brasilien 1970. Also musste ein neuer WM-Pokal her. Und der bleibt jetzt für immer. Der Gewinner bekommt nämlich für Zuhause nur eine Kopie.

**9**

# Der Gast

## RUSSLAND

Zum ersten Mal findet 2018 eine Fußball-Weltmeisterschaft in Russland statt. Das Land ist flächenmäßig das größte auf der Erde und reicht von Europa bis nach Asien an den pazifischen Ozean. Könnte man Deutschland ausschneiden, würde es von der Größe her fast 50 Mal in Russland hineinpassen. Die Hauptstadt dort heißt Moskau, wo über 11 Millionen Menschen leben, fast viermal so viele wie in Berlin. Weitere bekannte Städte sind St. Petersburg und Nowosibirsk. In Russland wird natürlich Russisch gesprochen, aber es gibt dort auch noch 34 weitere Sprachen. Bezahlt wird landesweit übrigens nicht mit Euro, so wie wir das kennen, sondern in Rubel. Im Fußball wurde Russland noch nie Weltmeister. Und auch in diesem Jahr wird es für die „Sbornaja", wie die Nationalmannschaft dort genannt wird, wohl sehr schwer werden. Noch nie kam man bei einer Weltmeisterschaft über die Vorrunde hinaus. Mal schauen, was diesmal passiert.

# geber

Die russische Kultur und die Bauwerke des riesigen Landes sind weltberühmt.

Als Gastgeber der WM automatisch qualifiziert: die russische National-mannschaft.

# Der Titel

## DEUTSCHLAND

Kämpfertyp: Bastian Schweinsteiger.

Bei der WM 2014 in Brasilien konnte Deutschland das Finale gegen Argentinien mit 1:0 gewinnen und wurde dadurch zum vierten Mal Weltmeister. Deswegen darf „Die Mannschaft" jetzt auf dem Trikot als Auszeichnung vier Sterne tragen, einen für jeden WM-Titel.

Torschütze: Mario Götz

# verteidiger

Die Mannschaft feiert.

Seit zwölf Jahren ist Joachim Löw Bundestrainer. Sowohl 2006 (als Assistent) und 2010 wurde er mit Deutschland schon WM-Dritter. 2014 klappte es dann mit dem ersehnten Titel. Dafür wurde er als Trainer des Jahres ausgezeichnet.

**INFORMATION**

**Deutschland bei Fußball-WMs:**
Weltmeister: 1954, 1974, 1990, 2014
Finale: 1966, 1982, 1986, 2002
Dritter: 1934, 1970, 2006, 2010
Vierter: 1958

13

# Die Stadien

Bei der WM in Russland wird in zwölf Stadien gespielt, die in elf Städten stehen. Moskau ist als einziger Austragungsort doppelt vertreten. Insgesamt sollen der Neu- und Umbau der Fußballstadion und das Drumherum etwa zehn Milliarden (10 000 000 000 !!) Euro gekostet haben. Am weitesten entfernt von Deutschland ist das Stadion in Jekaterinburg. Es liegt im asiatischen Teil Russlands und hat wahrscheinlich die merkwürdigste Tribüne der Welt.

**St. Petersburg-Stadion**

3

| Ort | St. Petersburg |
|---|---|
| Kapazität | 69 500 Plätze |
| Eröffnung | 2017 |
| Besondere Spiele | Achtelfinale, Halbfinale, Spiel um Platz 3 |

**Spartak-Stadion**

2

| Ort | Moskau |
|---|---|
| Kapazität | 45 360 Plätze |
| Eröffnung | 2014 |
| Besondere Spiele | Achtelfinale |

**Olympiastadion Luschniki**

1

| Ort | Moskau |
|---|---|
| Kapazität | 81 000 Plätze |
| Eröffnung | 1956 |
| Besondere Spiele | Eröffnungsspiel, Achtelfinale, Halbfinale, Finale |

| NUMMER | STADT | STADION |
|---|---|---|
| 1 | Moskau | Luschniki-Stadion |
| 2 | Moskau | Spartak-Stadion |
| 3 | St. Petersburg | Sankt-Petersburg-Stadion |
| 4 | Sotschi | Fisht-Stadion |
| 5 | Kasan | Kasan-Arena |
| 6 | Saransk | Mordwinien-Arena |
| 7 | Wolgograd | Wolgograd-Arena |
| 8 | Samara | Samara-Arena |
| 9 | Rostow am Don | Rostow-Arena |
| 10 | Jekaterinburg | Jekaterinburg-Arena |
| 11 | Kaliningrad | Kaliningrad-Stadion |
| 12 | Nischni-Nowgorod | Nischni-Nowgorod-Stadion |

## Kasan-Arena

| Ort | Kasan |
|---|---|
| Kapazität | 45 000 Plätze |
| Eröffnung | 2013 |
| Besondere Spiele | Achtelfinale, Viertelfinale |

## Wolgograd–Arena

| Ort | Wolgograd |
|---|---|
| Kapazität | 45 568 Plätze |
| Eröffnung | 2017 |
| Besondere Spiele | Vorrunde |

## Fisht-Stadion

| Ort | Sotschi |
|---|---|
| Kapazität | 47 695 Plätze |
| Eröffnung | 2013 |
| Besondere Spiele | Achtelfinale, Viertelfinale |

## Mordwinien–Arena

| Ort | Saransk |
|---|---|
| Kapazität | 44 442 Plätze |
| Eröffnung | 2017 |
| Besondere Spiele | Vorrunde |

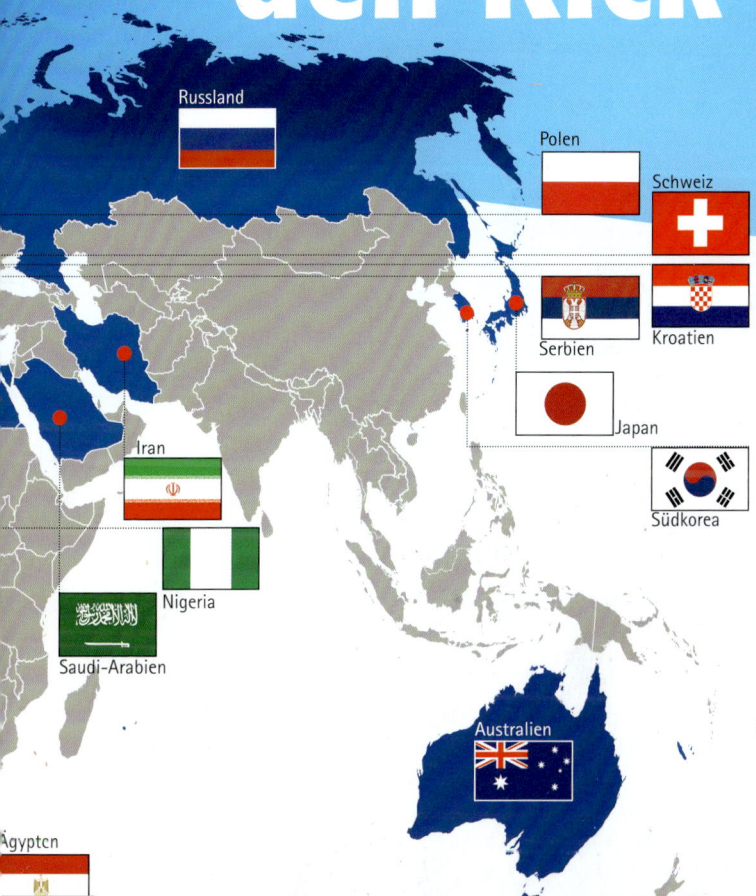

Russland

Polen

Schweiz

Serbien

Kroatien

Japan

Südkorea

Iran

Nigeria

Saudi-Arabien

Australien

Ägyptcn

# Die Favoriten

Welche Mannschaft hat die größten Chancen auf den Titel? Das ist immer schwer zu sagen. Viele Teams haben aber die Qualität, bei der WM 2018 sehr weit zu kommen. Natürlich gehört der amtierende Weltmeister Deutschland ohne Frage dazu. Die Teilnahme sicherte sich die Mannschaft von Jogi Löw ganz leicht mit neun Siegen in neun Spielen der WM-Qualifikation. Das ist ein neuer Rekord. Dabei erzielte man 43 Tore und bekam nur drei Gegentreffer. Aber: Erst zweimal gelang es einem Land überhaupt, den WM-Titel zu verteidigen. Es

wird also sehr schwer für unsere Mannschaft. Viel wird davon abhängen, wer spielen kann oder verletzt sein wird.

Nach der WM im eigenen Land, hatte Brasilien große Probleme, das 1:7 im Halbfinale gegen Deutschland zu verarbeiten. Doch inzwischen ist die Seleçao wieder gut drauf und konnte sich mit zehn Punkten Vorsprung Platz 1 der Südamerika-Qualifikation sichern. Damit ist Brasilien auch das einzige Land, dass bei allen

# FRANKREICH

▶▶▶▶▶▶▶▶

Nach der überraschenden Finalniederlage bei der EM will Frankreich jetzt in Russland endlich wieder den Titel einfahren. Bei der WM 2014 kam man ins Viertelfinale.

# BRASILIEN

◀◀◀◀◀◀◀

Weltmeisterschaften dabei war und ist gleichzeitig der Rekord-Sieger. Das Team vom Zuckerhut wird alles daran setzen, den Goldpokal zum sechsten Mal nach Hause zu holen.
Für viele Experten gilt aber Frankreich als Top-Favorit bei der WM. Der Vize-Europameister ist in allen Mannschaftsteilen überragend besetzt und konnte sich in der Qualifikation fast problemlos durchsetzen.

Auch mit Spanien wird bei der WM wieder zu rechnen sein. In der Quali setzte man sich vor Italien durch und will das Aus in der Vorrunde vom letzten Mal wieder gut machen. Spanien hat eine gute Mischung aus alten Stars und jungen hungrigen Spielern.

▶▶▶▶▶▶▶

# SPANIEN

BELGIEN
▶▶▶▶▶▶▶▶

Erst im allerletzten Moment konnte sich Argentinien für die WM in Russland qualifizieren. Das sollte aber nicht dazu führen, das Team aus Südamerika zu unterschätzen. Im Gegenteil: Mit den vielen Superstars in der Mannschaft, allen voran natürlich Lionel Messi, ist Argentinien auch dieses Mal wieder einer der Favoriten auf den WM-Titel. Schon 2014 war Argentinien für alle Mannschaften bis ins Finale ein sehr defensivstarker und unangenehmer Gegner.

Belgien war bei den vergangenen Turnieren schon immer im Kreis der Geheimfavoriten, mittlerweile kann unser Nachbarland nicht mehr verstecken, dass es zu den besten Fußball-Mannschaften der Welt gehört. Die Belgier haben eine super Nachwuchsarbeit und viele Top-Spieler in ihren Reihen, die bei großen Klubs mittlerweile Erfahrung gesammelt haben. Bringen sie die auf den Platz, ist bestimmt nicht schon wie bei den letzten beiden Auftritten im Viertelfinale Schluss. Der Überraschungs-Europameister aus Portugal besteht für viele meistens nur aus einem Spieler: Ronaldo. Doch die Sen-

Europameister Portugal mit Superstar Cristiano Ronaldo möchte bei der WM 2018 für die nächste Überraschung sorgen. Vor vier Jahren war nach der Vorrunde Schluss.

# Die Favoriten

sation schafften die Portugiesen im EM-Finale fast ganz ohne ihren Kapitän. Wenn die Mannschaft wieder über sich hinauswächst, gehört der aktuelle Europameister auch zu den Favoriten auf den WM-Titel. Allerdings wird trotzdem viel davon abhängen, ob CR7 nach einer langen Saison gut drauf ist. Seit 1966 wartet England auf den nächsten Weltmeister-Titel.

Viele Jahre war das Mutterland des Fußballs bei Turnieren eher schlecht drauf. Die Qualifikation für Russland schafften die „Three Lions" aber problemlos mit acht Punkten Vorsprung in ihrer Gruppe. Wenn sich die Mannschaft aus Stars der Premier League findet und nach einer langen Saison noch Kraft hat, kann England in Russland eine sehr gute Rolle spielen.

PORTUGAL
◀◀◀◀◀◀

# Die Geheimti

Bei der WM vor vier Jahren war Kolumbien eine der spielstärksten Mannschaften und scheiterte damals als Außenseiter nur knapp im Viertelfinale. Inzwischen gehören die Kolumbianer zu den besten Teams in Südamerika. Der Star ist ausgerechnet der Trainer: José Pekermann hat es geschafft, eine Mannschaft zu bauen, deren Spieler im normalen Leben über die ganze Welt verstreut sind. Kolumbien spielt taktisch sehr kompakt und tritt als Einheit auf. Spätestens seit der EM vor zwei Jahren ist Island für Fußball-Fans auf der ganzen Welt ein Begriff. Viele fragen sich, wie ein Land mit gerade mal 340 000 Einwohnern so viele gute Kicker hervorbringen kann. Wer gedacht hat, der isländische Wikinger-Jubel „Huuuuh" wäre nur eine Eintagsfliege, hat sich gewaltig geirrt: In der Qualifikation wurde Island Erster in einer starken Gruppe. Die Nordmänner sind als Gegner unwahrscheinlich schwer auszurechnen und gelten als lauf- und kampfstark.

## ISLAND
◄◄◄◄◄◄

# SCHWEDEN

▶▶▶▶▶▶▶▶

Will es diesmal viel besser machen als bei den vergangenen Weltmeisterschaften: die schwedische Nationalmannschaft.

Wer sich gegen Italien in zwei Entscheidungsspielen in der Qualifikation durchsetzt, den muss man auch bei der Weltmeisterschaft auf dem Zettel haben. Wohl kaum einer hätte den Schweden zugetraut, bei der WM 2018 dabei zu sein. Entsprechend könnten sie auch beim Turnier in Russland für eine Überraschung sorgen. Das war in der Vergangenheit nicht immer der Fall: zweimal in Folge war man nicht bei einer WM vertreten. Die beste Platzierung erreichte man schon vor vielen Jahren: 1958 wurden die Skandinavier Vizeweltmeister.

In der Qualifikation in Südamerika sicherte sich Uruguay am Schluss problemlos den zweiten Platz hinter Brasilien und blieb in 18 Spielen 13 Mal ungeschlagen. Die „Urus" haben wahrscheinlich mit den besten Sturm im Weltfußball: Cavani und Suárez bringen jede Menge Offensivpower mit, die jeder Verteidigung wahrscheinlich Probleme bereiten würde.

◀◀◀◀◀◀

# URUGUAY

▶▶▶▶▶▶▶

## POLEN

## MEXIKO

▶▶▶▶▶▶▶

Zum achten Mal wird Polen in diesem Jahr an einer Fußball-WM teilnehmen. Für das Land ist es eine große Ehre, nachdem man die vergangenen beiden Weltmeisterschaften verpasst hatte. Doch seitdem hat sich einiges getan: Bei der EM vor zwei Jahren scheiterte man erst im Elfmeterschießen am späteren Gewinner Portugal. Außerdem sind die Polen seit längerem Dauergast in den Top 10 der FIFA-Weltrangliste. Gerade im Sturm und im Tor ist unser Nachbarland sehr gut besetzt. Im Oktober 2014 war Polen auch eines der wenigen Länder, die Weltmeister Deutschland besiegen konnten.

Schon bei der ersten Weltmeisterschaft 1930 spielte Mexiko mit. Seit 1990 war das mexikanische Team bei jeder WM dabei. Auch wenn der große Erfolg bislang beim größten internationalen Turnier ausblieb, überstand man doch meistens die Vorrunde und konnte einige große Fußballnationen ärgern. Mexiko hat in diesem Jahr eine junge Mannschaft, die mit einem guten Offensivspiel glänzt und sich problemlos für die WM in Russland qualifizieren konnte.

# Geheimtipps

Die Schweiz nahm bislang zehnmal an einer Weltmeisterschaft teil. Der größte Erfolg, das Erreichen des Viertelfinales, liegt aber schon über 60 Jahre zurück (1954).

◄◄◄◄◄◄ SCHWEIZ

Punktgleich mit Europameister Portugal beendete die Schweiz ihre Qualifikationsgruppe und musste trotzdem wegen des schlechteren Torverhältnisses in die Entscheidungsspiele, um doch noch in Russland mit dabei zu sein. Trotzdem hat die Schweiz inzwischen eines besten Fußballteams in Europa, mit einer guten Mischung aus alt und jung. Fast alle Top-Stars der Schweiz stehen bei großen Vereinen in Europa unter Vertrag.

Im Fußball ist Kroatien eine Wundertüte. An guten Tagen kann man auch große Fußballnationen aus den Schuhen spielen, an anderen tut man sich auch gegen den kleinsten Gegner unwahrscheinlich schwer. Im Sturm und im Mittelfeld ist Kroatien aber sehr gut besetzt.

KROATIEN ▶▶▶▶▶▶

# Die Außense

Als erstes afrikanisches Team schaffte es Nigeria, sich für die WM in Russland zu qualifizieren. Schon seit Jahren gelten die „Super Eagles" (Super-Adler), wie die Nationalmannschaft genannt wird, zu den heißen Außenseiter-Tipps. Das liegt daran, dass Nigeria viele tolle Spieler hat, die sich auch in den europäischen Vereinen durchgesetzt haben. Doch bei großen Turnieren hat es bislang nie zu größeren Erfolgen gereicht. Das soll in diesem Jahr anders werden.

Traditionell gehört Serbien zu den technisch stärksten Mannschaften in Europa. Nachdem man die WM 2014 verpasst hatte, konnte Serbien sich für Russland ganz sicher qualifizieren. So verlor man in der Quali gerade mal ein Spiel. Die meisten Spieler aus Serbien stehen bei Top-Clubs aus den großen europäischen Ligen unter Vertrag und spielen zum Beispiel in der englischen Premier League oder auch in der Bundesliga.

Bei vier WM-Teilnahmen gelang dem Iran tatsächlich nur ein Sieg (1998 gegen die USA). Das soll sich in diesem Jahr durch die vielen jungen Talente im Team ändern.

◀◀◀◀◀◀

## IRAN

Seit Jahren gehört der Iran zu den erfolgreichsten Fußball-Mannschaft im asiatischen Raum. Mit der jetzigen Teilnahme konnte man sich zum fünften Mal für eine WM qualifizieren. Die Iraner haben viele Spieler mit internationaler Erfahrung in der Mannschaft. Trotzdem ist der Trainer wahrscheinlich der Star des Teams: Carlos Queiroz trainierte unter anderem schon Manchester United und Real Madrid.

Dänemark ist als Mannschaft grundsätzlich für eine Überraschung gut und mit der sehr starken Verteidigung schwer berechenbar. So bekam man in der Qualifikation für Russland nur acht Gegentore in zehn Spielen. Steht die Defensive und gelingt den Dänen der eine oder andere Konter, könnte auch in Russland so mancher Gegner überrascht werden.

▶▶▶▶▶▶▶

DÄNEMARK

**29**

36 Jahre ist es her, seit Peru das letzte Mal an einer Fußball-WM teilgenommen hat. Dafür gehört man zu den Teams, die bei der ersten WM 1930 dabei waren.

## ◀◀◀◀◀◀ ÄGYPTEN

In **Ägypten** war wegen der politischen Situation in den vergangenen Jahren der Fußball eher Nebensache. Doch jetzt freut man sich am Nil wieder auf die Teilnahme an einer Weltmeisterschaft. Die Mannschaft war 2017 sehr erfolgreich, wurde zum Beispiel zweiter bei der Afrika-Meisterschaft. Im Finale verlor man zwar knapp mit 1:2 gegen Kamerun, im Gegensatz zu Kamerun konnte sich Ägypten aber danach für die WM in Russland qualifizieren. Ein Überstehen der Vorrunde wäre dort allerdings schon ein Erfolg. In Asien gehört **Japan** schon fast immer zu den besten Fußball-mannschaften. Allein viermal war man im Land der aufgehenden Sonne schon Asien-Meister (zuletzt 2011). Bei Fußball-Weltmeisterschaften wollte es aber bisher nicht so gut klappen: Erst 1998 war man in Frankreich zum ersten Mal dabei und kam seitdem zwei Mal ins Achtelfinale. 2018 will Japan es nun noch besser machen. **Peru** war im Grunde die Überraschung der Südamerika-Qualifikation, weil man sogar die stärker

## JAPAN ▶▶▶▶▶▶

# Geheimtipps

◄◄◄◄◄◄ PERU

eingeschätzte Mannschaft aus Chile hinter sich lassen konnte. Über die Entscheidungsspiele gegen Neuseeland konnte man sich dann für die WM qualifi-

zieren. Nachdem Peru vor vier Jahren die Teilnahme an der Weltmeisterschaft in Brasilien verpasst hatte, gab es in der Mannschaft einen Umbruch mit einigen neuen Spielern. Wechsel kommen bei Peru aber übrigens nicht nur bei den Spielern vor: seit 1982 hatte das Land 24 (!) Fußball-Nationaltrainer.
Viele junge Spieler hat auch Costa Rica. Das Team gehörte 2014 zu den WM-Überraschungen und ist mittlerweile eine der stärksten Mannschaften aus der Mittelamerika-Zone. In der Qualifikation ließ man etwa die USA deutlich hinter sich. Costa Rica spielt einen taktisch sehr gut ausgeprägten Fußball.

◄◄◄◄◄◄ COSTA RICA

# Wir sind auch

SENEGAL ▶▶▶▶▶▶▶

Für einige Mannschaften bei der WM 2018 geht es nur darum, sich möglichst gut auf dem Platz zu zeigen. Denn wahrscheinlich hat keins dieser Teams eine große Chance, die Vorrunde zu überstehen. Dazu gehört zum Beispiel Saudi-Arabien. Zwar konnte man sich in der Qualifikation etwa gegen kleine Fußball-Länder wie Osttimor oder die Vereinigen Arabischen Emirate durchsetzen, trotzdem wird Saudi-Arabien bei der WM wohl nur eine Nebenrolle

spielen. Nachdem man 2010 und 2014 die Teilnahme verpasst hat, ist man im Land der Ölscheichs froh, überhaupt wieder bei dem Turnier dabei zu sein.

Nach 2002 ist auch der Senegal mal wieder bei einer WM dabei. Damals erreichten die Westafrikaner überraschend das Viertelfinale. Doch danach spielte man im internationalen Fußball eigentlich keine große Rolle mehr. Dabei sind viele senegalesische Spie-

**32**

# dabei

Das Symbol für die südkoreanische Nationalmannschaft ist der Tiger. Er ist auf den Trikots abgebildet. Der Wahlspruch heißt „Tu-Hon": Das bedeutet Kampfgeist.

ler in europäischen Top-Ligen unter Vertrag.

Auch die Teilnahme von Panama an der WM ist eine kleine Sensation. Als dritte Mannschaft aus Mittelamerika ließ man in der Qualifikation zum Beispiel die USA hinter sich und fährt jetzt mit nach Russland. Damit ist man zum ersten Mal überhaupt bei einer Fußball-Weltmeisterschaft dabei, nachdem man sich bisher noch nie qualifizieren konnte. Die Spieler kicken hauptsächlich bei Vereinen zuhause in Panama, Südamerika oder in der amerikanischen MLS.

Als Südkorea 2002 WM-Gastgeber war, gehörte das Team zu den absoluten Überraschungen der Fußballgeschichte. Dort kam man sensationell bis ins Halbfinale und scheiterte nur knapp gegen Deutschland. Doch von den Erfolgen ist nicht viel übrig geblieben. 2014 wurde Südkorea in Brasilien Gruppenletzter. Mit einer starken Verteidigung will man jetzt ein ähnlich frühes Ausscheiden in diesem Jahr verhindern.

# Wir sind auch

## AUSTRALIEN ▶▶▶▶▶▶▶

Die Nationalmannschaft von Tunesien hatte in den vergangenen Jahren kaum Erfolge zu feiern: Bei Welt- und Afrikameisterschaften war in der Regel sehr früh Schluss. Zwar ist man in Russland zum fünften Mal bei einer WM dabei, aber mehr als eine Nebenrolle ist für Tunesien wohl nicht drin. In allen Spielen bei einer Weltmeisterschaft gelang der Mannschaft aus Nordafrika insgesamt nur ein Sieg.

Wieder mit dabei ist auch Australien. Hier hat man den Fußball in den letzten Jahren sozusagen ganz neu aufgezogen. Und das sehr erfolgreich: 2015 wurde man Asien-Meister (Australien spielt inzwischen dort mit und nicht wie früher in Ozeanien). Trotzdem schaffte man die Qualifikation für Russland auch erst

## TUNESIEN
◀◀◀◀◀◀

# dabei

Das letzte Mal war Marokko 1998 bei einer Weltmeisterschaft dabei. Insgesamt erzielte man in der gesamten WM-Geschichte des Landes aber nur 12 Tore.

**MAROKKO**

◄◄◄◄◄◄

in den Entschei-
dungsspielen gegen
Honduras. Bei der
WM werden es die
„Socceroos" aber
sehr schwer haben.
Viermal in Folge
hatte es Marokko nicht geschafft, sich für eine WM zu
qualifizieren. Daraus zog man in
dem Land in Nordafrika die rich-
tigen Lehren und setzte stark auf
die Nachwuchs- und Talentför-
derung. Das zahlte sich aus und
man schaffte es sofort zum
Turnier nach Russland. In sechs
Quali-Spielen blieb das Team
ohne Niederlage. Trotzdem ist
Marokko bei der kommen-
den WM nur ein krasser
Außenseiter.

Die häufigsten
WM-Teilnehmer
bis 2014.

| RANG | LAND | ANZAHL |
|------|------|--------|
| 1 | Brasilien | 20 |
| 2 | Deutschland | 18 |
| 2 | Italien | 18 |
| 4 | Argentinien | 16 |
| 5 | Mexiko | 15 |
| 6 | England | 14 |
| 6 | Frankreich | 14 |
| 6 | Spanien | 14 |
| 9 | Uruguay | 12 |
| 9 | Belgien | 12 |

**35**

# Die Topstars

Sie sind die besten Spieler der Welt, doch werden sie das auch bei der Fußball-Weltmeisterschaft zeigen können? Fest steht: Alle sind heiß und wollen mit ihrem Land weit kommen.

## INFORMATION

Nur durch ihn ist Argentinien überhaupt bei der WM in Russland dabei: Lionel Messi. Seit Jahren ist er der Superstar beim FC Barcelona. Ein großer internationaler Titel fehlt dem kleinen Zauberfuß aber noch.

# Die Topstars

Die Herausforderung für die Topstars der WM wird sein, ob sie sich in den Dienst der Mannschaft stellen oder nur an sich denken. Denn allein ist noch niemand Weltmeister geworden.

**INFORMATION**

Kevin de Bruyne bringt alles mit, um der Superstar der WM in Russland zu werden. Er ist schnell, technisch stark und einer der besten Vorbereiter der Welt. Jetzt will er mit Belgien endlich den großen Erfolg.

**INFORMATION**

Beim FC Barcelona gehört Luiz Suárez zu den besten und gefährlichsten Stürmern der Welt. Der Spieler aus Uruguay gilt aber auf dem Platz auch als unberechenbar und rastete in der Vergangenheit schon öfter aus.

# Die Topstars

Große Spieler entscheiden große Spiele – so lautet eine alte Fußball-Weisheit. Tatsächlich brauchen Mannschaften immer starke Einzelspieler, besonders wenn es mal nicht so läuft.

**INFORMATION**

Für den Bundestrainer ist klar: Eigentlich immer, wenn Mesut Özil in der Nationalmannschaft dabei ist, spielt er auch. Mit seiner Beweglichkeit und seinem Auge für den Mitspieler ist er auf dem Platz eine Waffe.

**INFORMATION**

Sergio Ramos hat mit Spanien und Real Madrid schon alles gewonnen, was es zu gewinnen gibt. Er ist das Herz der spanischen Abwehr und trotz seines Alters nicht wegzudenken. Außerdem ist er nach Ecken torgefährlich.

**INFORMATION**

Für viele gehört Robert Lewandowski zu den besten Stürmern der Welt. Beim FC Bayern trifft er regelmäßig und ist ein kompletter Spieler. Egal, ob mit dem Kopf oder mit beiden Füßen: Lewy ist brandgefährlich.

**INFORMATION**

Frankreich hofft nach dem Durchbruch bei der EM vor zwei Jahren wieder auf seine Tore: Antoine Griezmann wurde megaschnell zum internationalen Superstar. Mit seiner Schnelligkeit ist er für den Gegner kaum zu stoppen.

41

# Die Topstars

Meistens war es in der WM-Geschichte so, dass auch der beste Spieler des Turniers mit seiner Mannschaft sehr weit kam. Für die Topstars heißt es also beim Kampf um den Titel: Alles geben!

## INFORMATION

Luca Modrić ist die Seele des Spiels der kroatischen Nationalmannschaft. Er ist fast immer anspielbar, kann das Tempo bestimmen und ist überragend im Dribbling. Sechsmal wurde er Kroatiens Fußballer des Jahres.

## INFORMATION

In der englischen Liga gehört Harry Kane inzwischen zu den torgefährlichsten Stürmern. Für Tottenham trifft er regelmäßig und ist auch für die Nationalmannschaft inzwischen unverzichtbar, weil er den Torriecher hat.

**INFORMATION**

Sein Spitz name lautet „Das Juwel" – treffender geht es wohl nicht für Paulo Dybala. Für den Argentinier könnte das Turnier in Russland zum ganz großen Durchbruch werden. Natürlich gibt es schon Vergleiche mit Messi.

**INFORMATION**

Schnelligkeit und Torgefahr - kein Wunder, dass die internationalen Spitzenvereine Schlange stehen, um Timo Werner zu verpflichten. Durch seine Laufwege entlang der Abwehr kommen Gegner nur schwer gegen ihn an.

# comer

INFORMATION

Gabriel Jesus ist der neue Stern am brasilianischen Angreiferhimmel. Gemeinsam mit Neymar könnte es bei der WM in Russland der neue Traumsturm werden. Bei Olympia in Rio holten sie schon zusammen die Goldmedaille.

Für sie wird es voraussichtlich die erste Weltmeisterschaft und sie wollen bei dem Turnier gleich zeigen, dass ihnen die Zukunft gehört. Sie alle haben das Zeug zum besten Nachwuchsspieler.

INFORMATION

2017 wurde Kylian Mbappé schon zum besten Nachwuchsspieler Europas gewählt, dem „Golden Boy" Kein Wunder bei seinen Auftritten in Monaco und Paris. Wird der Franzose auch bester WM-Newcomer?

# Die Nobodys

Nawaf Al-Abed ist wohl der beste Fußballer Saudi-Arabiens. Außerhalb des Landes kennt ihn aber kaum einer, da er nicht bei einem international bekannten Verein, sondern beim Hauptstadtclub Al-Hilal spielt.

Bei uns kennt sie fast niemand. Aber eine WM ist auch immer die Möglichkeit für die unbekannten Spieler, sich zu zeigen. In ihren Ländern sind diese Spieler jetzt schon Helden.

Mit seinem Volleytor hat sich Román Torres in seiner Heimat Panama unsterblich gemacht: Dadurch qualifizierte sich sein Land erstmals für eine Weltmeisterschaft. Eigentlich ist Torres aber Verteidiger.

Ki Sung-yueng dürfte den meisten ans nichts sagen, dabei ist er er Kapitän von Südkorea und pielte schon in England und Schottland. Er ist Mittelfeldspieler und hat einen starken Schuss.

Marco Ureña ist eigentlich ein alter Hase. Er traf sogar 2014 schon bei der WM für sein Land Costa Rica und ist dort der wohl wichtigste Stürmer. In Deutschland ist er trotzdem fast unbekannt.

# Die Rekorde

WM 1990, Halbfinale England–
Deutschland. Andreas Brehme
läuft zum Elfmeter an, Torwart
Peter Shilton kann nicht halten.
Deutschland kommt ins Finale
und wird gegen Argentinien
Weltmeister.

Das Land mit
den meisten
Siegen bei
allen Welt-
meisterschaf-
ten zusammen
ist Brasilien.
Man gewann
70 Mal.

Der ehemalige Bundestrainer Helmut Schön ist weltweit der Coach mit den meisten WM-Spielen: Nämlich 25.

# EDACHT?

Diego Maradona war am häufigsten Kapitän bei einer WM(16 Mal).

José Batista aus Uruguay hält den Rekord für die schnellste Rote Karte in der WM-Geschichte. Er flog 1986 in Mexiko nach 56 Sekunden vom Platz.

Hakan Şükür erzielte 11 Sek. nach Anpfiff das schnellste WM-Tor.

# Die Rekorde

Das Finale 1954 ist eine der größten Überraschungen der Sportgeschichte: Deutschland liegt aussichtslos gegen die „unbesiegbaren" Ungarn 0:2 zurück und dann dreht unsere Elf noch das Spiel – Wahnsinn!

Keine Mannschaft verlor öfter bei einer WM als Mexiko (25 Mal in 53 Spielen). Von 1930–1958 gewann man sogar nicht ein Mal.

# EDACHT?

Erzielte das erste Golden Goal der WM-Geschichte: Laurent Blanc für Frankreich 1998 gegen Paraguay.

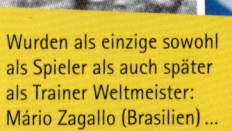

Wurden als einzige sowohl als Spieler als auch später als Trainer Weltmeister: Mário Zagallo (Brasilien) ...

Kein Torhüter blieb bei einer WM länger ohne Gegentor als Walter Zenga. Für Italien spielte er unglaubliche 517 Minuten zu Null.

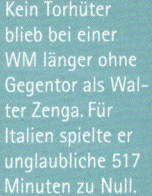

... und Kaiser Franz (Deutschland).

# WER HÄTTE DA
# Die Rekorde

Der Jüngste und der Älteste bei einer WM: Norman Whiteside aus Nordirland (17) spielte 1982 ...

... Faryd Mondragon aus Kolumbien (43) bei der WM 2014.

Dieses Kunststück gelang keinem anderen: Oleg Salenko aus Russland traf in der WM-Geschichte in einem Spiel fünf Mal (1994 gegen Kamerun).

Die meisten Zuschauer im Schnitt hatte die WM 1994 in den USA. Es kamen statistisch 68.991 pro Spiel.

Gerd Müller (Deutschland) trifft im WM-Finale 1974 gegen die Niederlande zum 2:1. Deutschland ist Weltmeister!

Bei keiner WM gab es eine höhere Torquote: 1954 fielen im Schnitt pro Spiel 5,4 Tore. So offensiv wurde nie wieder gespielt.

# Die Rekorde

Das torreichste Spiel der WM-Geschichte: Ausgerechnet Österreich gegen die Schweiz endete 1954 mit 7:5.

Hielt als einziger bei zwei WM einen Elfer: Iker Casillas ...

# GEDACHT?

Stand in der WM-Geschichte am längsten auf dem Platz: Paolo Maldini. Er spielte für Italien insgesamt 2 217 Minuten (von 1990 bis 2002).

Die meisten Tore wurden bei den Weltmeisterschaften in Frankreich (1998) und Brasilien (2014) erzielt: Nämlich 171.

Grund zum Jubeln: Miroslav Klose nach seinem 2:0 gegen Brasilien im legendären WM-Halbfinalspiel 2014

...Verschoss als einziger bei zwei WM einen Elfer: Asamoah Gyan.

# Spielplan

## GRUPPE A

*Donnerstag, 14. Juni, 17 Uhr, Moskau*

| Russland | : | Saudi-Arabien |

*Freitag, 15. Juni, 14 Uhr, Jekaterinburg*

| Ägypten | : | Uruguay |

*Dienstag 19. Juni, 20 Uhr, Sankt Petersburg*

| Russland | : | Ägypten |

*Mittwoch, 20. Juni, 17 Uhr, Rostow am Don*

| Uruguay | : | Saudi-Arabien |

*Montag, 25. Juni, 16 Uhr, Samara*

| Uruguay | : | Russland |

*Montag, 25. Juni, 16 Uhr, Wolgograd*

| Saudi-Arabien | : | Ägypten |

### ABSCHLUSSTABELLE

1
2
3
4

## GRU

*Freitag, 15. Juni, 17 U*

Marokko

*Freitag, 15. Ju*

Portugal

*Mittwoch, 20. J*

Portugal

*Mittwoch, 20. Ju*

Iran

*Montag, 25. Ju*

Spanien

*Montag, 25. Ju*

Iran

### ABSCHLUSSTABEL

1
2
3
4

56

| | |
|---|---|
| *kt Petersburg* | |
| | Iran |
| *Jhr, Sotschi* | |
| | Spanien |
| *Jhr, Moskau* | |
| | Marokko |
| *Jhr, Kasan* | |
| | Spanien |
| *Jhr, Kaliningrad* | |
| | Marokko |
| *Jhr, Saransk* | |
| | Portugal |

### GRUPPE C

*Samstag, 16. Juni, 12 Uhr, Kasan*

| Frankreich | : | Australien |
|---|---|---|

*Samstag, 16. Juni, 18 Uhr, Saransk*

| Peru | : | Dänemark |
|---|---|---|

*Donnerstag 16. Juni 17 Uhr, Jekaterinburg*

| Frankreich | : | Peru |
|---|---|---|

*Donnerstag 16. Juni, 14 Uhr, Samara*

| Dänemark | : | Australien |
|---|---|---|

*Dienstag, 26. Juni, 16 Uhr, Moskau*

| Dänemark | : | Frankreich |
|---|---|---|

*Dienstag, 26. Juni, 16 Uhr, Sotschi*

| Australien | : | Peru |
|---|---|---|

### ABSCHLUSSTABELLE

1
2
3
4

# Spielplan

## GRUPPE D

*Samstag, 16. Juni, 15 Uhr, Moskau*

| Argentinien | : | Island |
|---|---|---|

*Samstag, 16. Juni, 21 Uhr, Kaliningrad*

| Kroatien | : | Nigeria |
|---|---|---|

*Donnerstag, 21. Juni, 20 Uhr, Nischni Nowgorod*

| Argentinien | : | Kroatien |
|---|---|---|

*Freitag, 22. Juni, 17 Uhr, Wolgograd*

| Nigeria | : | Island |
|---|---|---|

*Dienstag, 26. Juni, 16 Uhr, Rostow am Don*

| Island | : | Kroatien |
|---|---|---|

*Dienstag, 26. Juni, 16 Uhr, Sankt Petersburg*

| Nigeria | : | Argentinien |
|---|---|---|

### ABSCHLUSSTABELLE

1
2
3
4

## GRU

*Sonntag, 17.*

| Costa Rica |
|---|

*Sonntag, 17.*

| Brasilien |
|---|

*Freitag, 22.*

| Brasilien |
|---|

*Freitag, 22.*

| Serbien |
|---|

*Mittwoch, 27.*

| Serbien |
|---|

*Mittwoch, 27. Jun*

| Schweiz |
|---|

### ABSCHLUSSTABE

1
2
3
4

# WM 2018 RUSSLAND

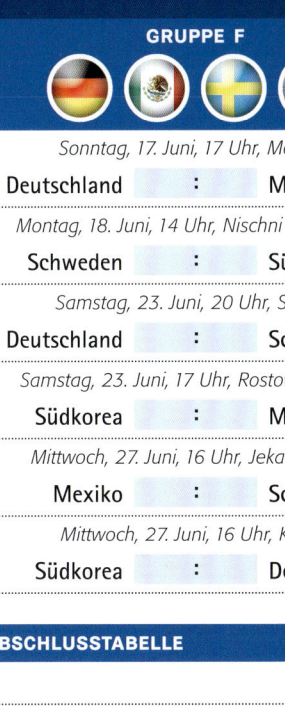

| | | |
|---|---|---|
| *hr, Samara* | | *Sonntag, 17. Juni, 17 Uhr, Moskau* |
| **Serbien** | Deutschland : Mexiko |
| *hr, Rostow am Don* | | *Montag, 18. Juni, 14 Uhr, Nischni Nowgorod* |
| **Schweiz** | Schweden : Südkorea |
| *hr, Sankt Petersburg* | | *Samstag, 23. Juni, 20 Uhr, Sotschi* |
| **Costa Rica** | Deutschland : Schweden |
| *hr, Kaliningrad* | | *Samstag, 23. Juni, 17 Uhr, Rostow am Don* |
| **Schweiz** | Südkorea : Mexiko |
| *hr, Moskau* | | *Mittwoch, 27. Juni, 16 Uhr, Jekaterinburg* |
| **Brasilien** | Mexiko : Schweden |
| *Nischni Nowgorod* | | *Mittwoch, 27. Juni, 16 Uhr, Kasan* |
| **Costa Rica** | Südkorea : Deutschland |

**ABSCHLUSSTABELLE**

1
2
3
4

# Spielplan

## GRUPPE G

*Montag, 18. Juni, 17 Uhr, Sotschi*

| Belgien | : | Panama |
|---|---|---|

*Montag, 18. Juni, 20 Uhr, Wolgograd*

| Tunesien | : | England |
|---|---|---|

*Samstag, 23. Juni 14 Uhr, Moskau*

| Belgien | : | Tunesien |
|---|---|---|

*Sonntag, 24. Juni, 14 Uhr, Nischni Nowgorod*

| England | : | Panama |
|---|---|---|

*Donnerstag, 28. Juni, 20 Uhr, Kaliningrad*

| England | : | Belgien |
|---|---|---|

*Donnerstag, 28. Juni, 20 Uhr, Saransk*

| Panama | : | Tunesien |
|---|---|---|

### ABSCHLUSSTABELLE

1

2

3

4

## GRU

*Dienstag, 19. ..*

Polen

*Dienstag, 19. ..*

Kolumbien

*Sonntag, 24. ..*

Japan

*Sonntag, 24. ..*

Polen

*Donnerstag, 28. ..*

Senegal

*Donnerstag, 28. ..*

Japan

### ABSCHLUSSTABE

1

2

3

4

# WM 2018 RUSSLAND

*hr, Moskau*

Senegal

*hr, Saransk*

Japan

*hr, Jekaterinburg*

Senegal

*hr, Kasan*

Kolumbien

*hr, Samara*

Kolumbien

*hr, Wolgograd*

Polen

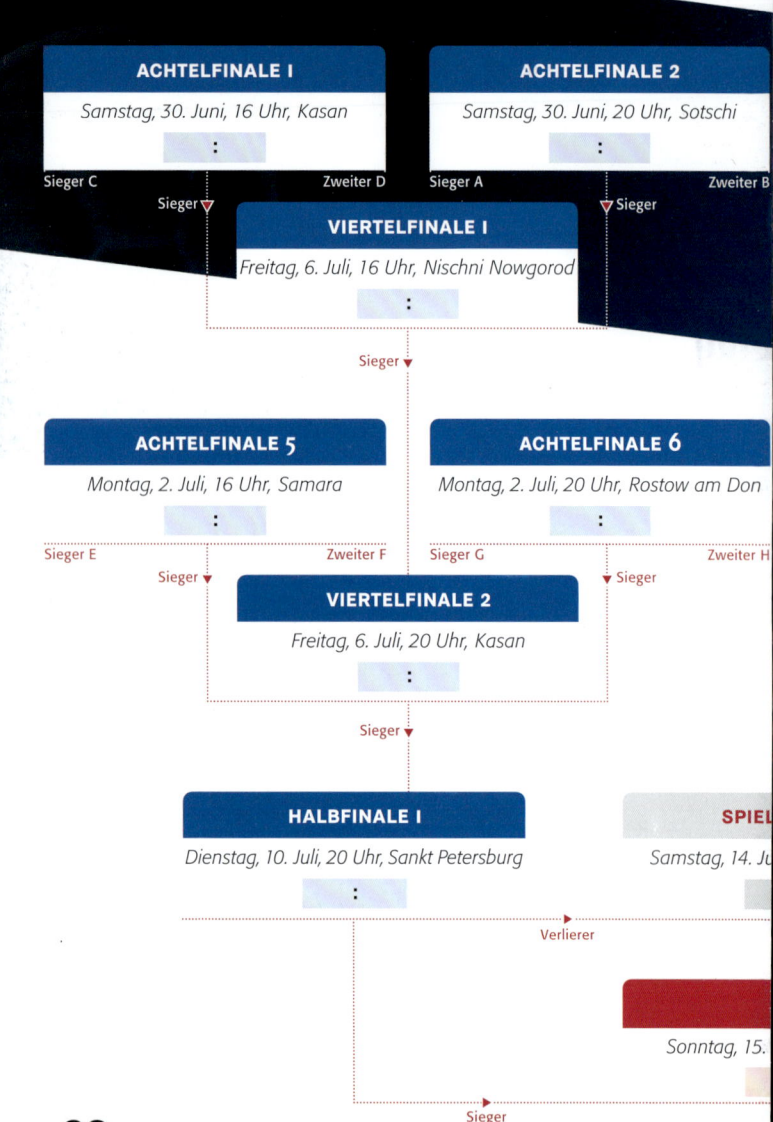

**ACHTELFINALE 1**

*Samstag, 30. Juni, 16 Uhr, Kasan*

:

Sieger C
Zweiter D

**ACHTELFINALE 2**

*Samstag, 30. Juni, 20 Uhr, Sotschi*

:

Sieger A
Zweiter B

Sieger ▽
▽ Sieger

**VIERTELFINALE 1**

*Freitag, 6. Juli, 16 Uhr, Nischni Nowgorod*

:

Sieger ▼

**ACHTELFINALE 5**

*Montag, 2. Juli, 16 Uhr, Samara*

:

Sieger E
Zweiter F

**ACHTELFINALE 6**

*Montag, 2. Juli, 20 Uhr, Rostow am Don*

:

Sieger G
Zweiter H

Sieger ▼
▼ Sieger

**VIERTELFINALE 2**

*Freitag, 6. Juli, 20 Uhr, Kasan*

:

Sieger ▼

**HALBFINALE 1**

*Dienstag, 10. Juli, 20 Uhr, Sankt Petersburg*

:

**SPIEL**

*Samstag, 14. Ju*

Verlierer ▶

*Sonntag, 15.*

Sieger

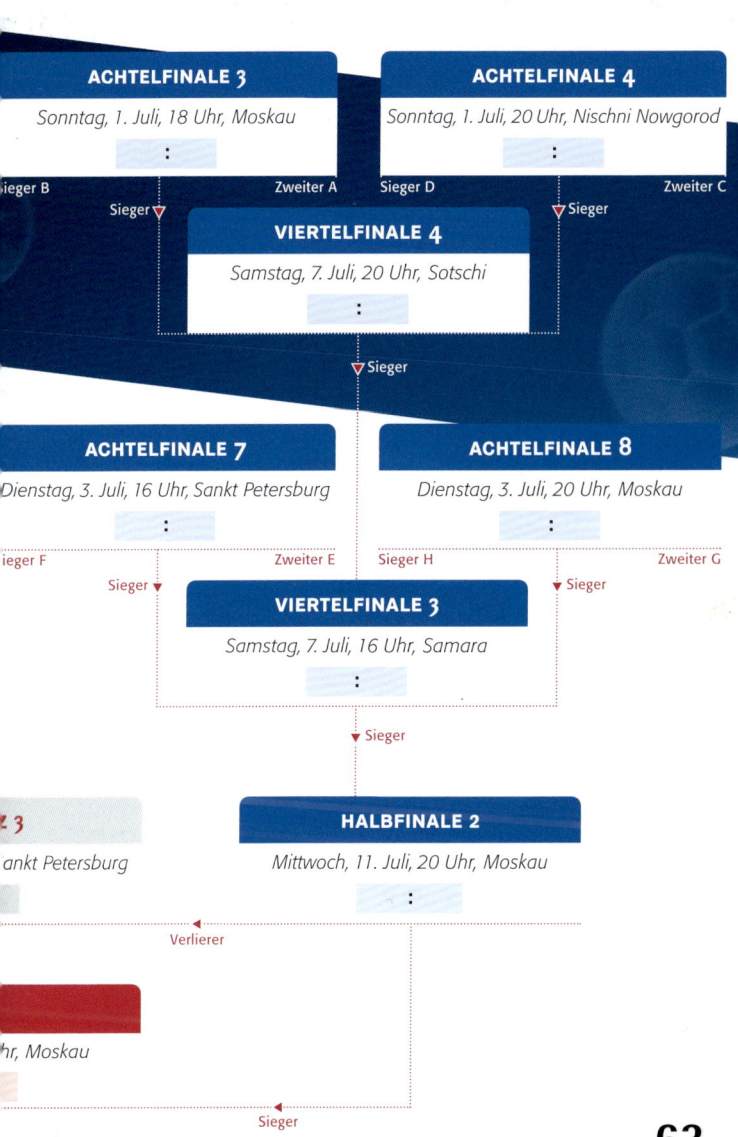

## ACHTELFINALE 3

*Sonntag, 1. Juli, 18 Uhr, Moskau*

:

Sieger B                                    Zweiter A

Sieger ▽

## ACHTELFINALE 4

*Sonntag, 1. Juli, 20 Uhr, Nischni Nowgorod*

:

Sieger D                                    Zweiter C

▽ Sieger

## VIERTELFINALE 4

*Samstag, 7. Juli, 20 Uhr, Sotschi*

:

▽ Sieger

## ACHTELFINALE 7

*Dienstag, 3. Juli, 16 Uhr, Sankt Petersburg*

:

Sieger F                                    Zweiter E

Sieger ▼

## ACHTELFINALE 8

*Dienstag, 3. Juli, 20 Uhr, Moskau*

:

Sieger H                                    Zweiter G

▼ Sieger

## VIERTELFINALE 3

*Samstag, 7. Juli, 16 Uhr, Samara*

:

▼ Sieger

## 3

*ankt Petersburg*

## HALBFINALE 2

*Mittwoch, 11. Juli, 20 Uhr, Moskau*

:

◄ Verlierer

*hr, Moskau*

Sieger